Impressum
Verlag: BABADADA GmbH, Nedderfeld 112 , 22529 Hamburg
Geschäftsführer / Verlagsleitung: Harald Hof
Druck: Books on Demand GmbH, In de Tarpen 42, 22848 Norderstedt

Imprint
Publisher: BABADADA GmbH, Nedderfeld 112 , 22529 Hamburg, Germany
Managing Director / Publishing direction: Harald Hof
Print: Books on Demand GmbH, In de Tarpen 42, 22848 Norderstedt

la salle de classe
aula

diviser
dividir

186/2

le tableau noir
pizarrón

la cour de récréation
patio de escuela

l'enseignant
maestro

le papier
papel

écrire
escribir

le stylo
birome

le bureau
escritorio

la règle
regla

le livre
libro

l'élève
alumno

le sac d'école

mochila

la trousse

caja de lápices

le crayon

lápiz

le taille-crayon

sacapuntas

la gomme

goma (de borrar)

le carnet à dessin

bloc de dibujo

le dessin

dibujo

le pinceau

pincel

la boîte de peinture

caja de pinturas

les ciseaux

tijera

la colle

pegamento

le cahier d'exercices

cuaderno de ejercicios

les tâches

tarea

le chiffre

número

additionner

sumar

soustraire

restar

multiplier

multiplicar

calculer

calcular

la lettre

letra

l'alphabet

abecedario

le mot

palabra

le texte

texto

lire

leer

la craie

tiza

la leçon

lección

le livre de classe

cuaderno de clase

l'examen

examen

le certificat

certificado

l'uniforme scolaire

uniforme escolar

la formation

educación

le lexique

enciclopedia

l'université

universidad

le microscope

microscopio

la carte

mapa

la corbeille à papier

tacho (de basura)

l'hôtel
hotel

l'auberge
hostel

le bureau de change
casa de cambio

la valise
valija

la voiture
auto

la langue

idioma

oui / non

sí / no

d'accord

Está bien

Salut

hola

l'interprète

traductor

merci

Gracias

Combien coûte...?

¿cuánto cuesta...?

Je ne comprends pas

No entiendo

le problème

problema

Bonsoir!

¡Buenas tardes!

Bonjour!

¡Buenos días!

Bonne nuit!

¡Buenas noches!

Au revoir

adiós

la direction

dirección

les bagages

equipaje

le sac

bolso

le sac-à-dos

mochila

l'hôte

invitado

la pièce

habitación

le sac de couchage

bolsa de dormir

la tente

carpa

l'office de tourisme

información turística

la plage

playa

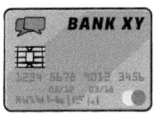

la carte de crédit

tarjeta de crédito

le petit-déjeuner

desayuno

le déjeuner

almuerzo

le dîner

cena

le billet

pasaje

l'ascenseur

ascensor

le timbre

sello

la frontière

frontera

la douane

aduana

l'ambassade

embajada

le visa

visa

le passeport

pasaporte

l'avion
avión

le navire
barco

le véhicule de pompiers
autobomba

le bus
colectivo

le camion
camión

le bateau à moteur
lancha a motor

la bicyclette
bicicleta

la voiture
auto

le ferry

ferry

la barque

bote

la moto

moto

la voiture de police

patrullero

la voiture de course

auto de carreras

la voiture de location

auto de alquiler

l'autopartage

alquiler de autos

la dépanneuse

grúa

la benne à ordures

camión de basura

le moteur

motor

l'essence

nafta

la station d'essence

estación de servicio

le panneau indicateur

señal de tránsito

le trafic

tránsito

l'embouteillage

embotellamiento

le parking

estacionamiento

la gare

estación de tren

les rails

vías

le train

tren

le tram

tranvía

le wagon

vagón

l'hélicoptère

helicóptero

l'aéroport

aeropuerto

la tour

torre

le passager

pasajero

le container

contenedor

le carton

caja de cartón

le chariot

carretilla

la corbeille

canasta

décoller / atterrir

despegar / aterrizar

la ville
ciudad

le village

pueblo

le centre-ville

centro de ciudad

la maison

casa

le cinéma
cine

la publicité
publicidad

le réverbère
farol

la rue
calle

CINEMA

le taxi
taxi

le kiosque
kiosco

le piéton
peatón

le trottoir
vereda

le passage piéton
paso peatonal

la poubelle
contenedor de basura

le carrefour
cruce

les feux de circulation
semáforo

la cabane

cabaña

l'appartement

departamento

la gare

estación de tren

la mairie

municipalidad

le musée

museo

l'école

colegio

l'université

universidad

la banque

banco

l'hôpital

hospital

l'hôtel

hotel

la pharmacie

farmacia

le bureau

oficina

la librairie

librería

le magasin

negocio

le fleuriste

florería

le supermarché

supermercado

le marché

mercado

le grand magasin

grandes tiendas

la poissonnerie

pescadería

le centre commercial

centro comercial

le port

puerto

le parc

parque

la banque

banco

le pont

puente

les escaliers

escaleras

le métro

subte

le tunnel

túnel

l'arrêt de bus

parada del colectivo

le bar

bar

le restaurant

restaurante

la boîte à lettres

buzón

le panneau indicateur

letrero

le parcomètre

parquímetro

le zoo

zoológico

le réverbère

pileta

la mosquée

mezquita

la ferme
granja

la pollution
contaminación

le cimetière
cementerio

l'église
iglesia

l'aire de jeux
juegos infantiles

le temple
templo

le paysage
paisaje

la feuille
hoja

le panneau indicateur
poste indicador

le chemin
camino

le pré
pradera

la pierre
piedra

l'arbre
árbol

le randonneur
excursionista

la rivière
río

l'herbe
hierba

la fleur
flor

la vallée
valle

la montagne
montaña

le lac
lago

la forêt
bosque

le désert
desierto

le volcan
volcán

le château
castillo

l'arc-en-ciel
arco iris

le champignon
champiñón

le palmier
palmera

le moustique
mosquito

la mouche
mosca

les fourmis
hormiga

l'abeille
abeja

l'araignée
araña

le scarabée

escarabajo

la grenouille

rana

l'écureuil

ardilla

le hérisson

erizo

le lapin

liebre

la chouette

lechuza

l'oiseau

pájaro

le cygne

cisne

le sanglier

jabalí

le cerf

ciervo

l'élan

alce

le barrage

presa

l'éolienne

aerogenerador

le panneau solaire

panel solar

le climat

clima

le serveur
mozo

le menu
menú

la chaise
silla

la soupe
sopa

la pizza
pizza

les services
cubiertos

la nappe
mantel

les hors d'œuvre

entrada

le plat principal

plato principal

le dessert

postre

les boissons

bebidas

l'alimentation

comida

la bouteille

botella

le fast-food

comida rápida

les plats à emporter

comida callejera

la théière

tetera

le sucrier

azucarera

la portion

porción

la machine à expresso

cafetera expreso

la chaise haute

sillita alta

la facture

cuenta

le plateau

bandeja

le couteau

cuchillo

la fourchette

tenedor

la cuillère

cuchara

la cuillère à thé

cucharita

la serviette

servilleta

le verre

vaso

l'assiette

plato

l'assiette à soupe

plato hondo

la soucoupe

plato

la sauce

salsa

la salière

salero

le moulin à poivre

molinillo de pimienta

le vinaigre

vinagre

l'huile

aceite

les épices

especias

le ketchup

kétchup

la moutarde

mostaza

la mayonnaise

mayonesa

le supermarché
supermercado

l'offre promotionnelle
oferta especial

le client
cliente

les produits laitiers
lácteos

les fruits
fruta

le caddie
changuito

la boucherie

carnicería

la boulangerie

panadería

peser

pesar

les légumes

verduras

la viande

carne

les aliments surgelés

alimentos congelados

la charcuterie

fiambres

les conserves

alimentos enlatados

la poudre à lessive

detergente en polvo

les bonbons

golosinas

les articles ménagers

electrodomésticos

les détergents

productos de limpieza

la vendeuse

vendedora

la caisse

caja

le caissier

cajero

la liste d'achats

lista de compras

les heures d'ouverture

horario de atención

le portefeuille

billetera

la carte de crédit

tarjeta de crédito

le sac

cartera

le sac en plastique

bolsa de plástico

l'eau

agua

le jus de fruit

jugo

le lait

leche

le coca

bebida cola

le vin

vino

la bière

cerveza

l'alcool

alcohol

le chocolat chaud

cacao

le thé

té

le café

café

l'expresso

café expreso

le cappuccino

cappuccino

la banane

banana

la pomme

manzana

l'orange

naranja

le melon

melón

le citron

limón

la carotte

zanahoria

l'ail

ajo

le bambou

bambú

l'oignon

cebolla

le champignon

champiñón

les noisettes

nueces

les pâtes

fideos

les spaghettis

tallarines

le riz

arroz

la salade

ensalada

les frites

papas fritas

les pommes de terre rôties

papas fritas

la pizza

pizza

le hamburger

hamburguesa

le sandwich

sándwich

l'escalope

churrasco

le jambon

jamón

le salami

salame

la saucisse

salchicha

le poulet

pollo

le rôti

asado

le poisson

pescado

les flocons d'avoine

copos de avena

le muesli

muesli

les cornflakes

copos de maíz

la farine

harina

le croissant

medialuna

les petits-pains

pancito

le pain

pan

le pain grillé

tostada

les biscuits

galletitas

le beurre

manteca

le fromage blanc

cuajada

le gâteau

torta

l'œuf

huevo

l'œuf au plat

huevo frito

le fromage

queso

la glace

helado

le sucre

azúcar

le miel

miel

la confiture

mermelada

la crème nougat

pasta de chocolate

le curry

curry

la ferme
granja

la grange
granero

la botte de paille
fardo de paja

le champ
campo

le cheval
caballo

la remorque
remolque

le poulain
potrillo

le tracteur
tractor

l'âne
burro

l'agneau
cordero

le mouton
oveja

la chèvre

cabra

la vache

vaca

le veau

ternero

le porc

cerdo

le porcelet

lechón

le taureau

toro

l'oie

ganso

le canard

pato

le poussin

pollo

la poule

gallina

le coq

gallo

le rat

rata

le chat

gato

la souris

ratón

le bœuf

buey

le chien

perro

le chenil

cucha

le tuyau de jardin

manguera

l'arrosoir

regadera

la faucheuse

guadaña

la charrue

arado

la faucille

hoz

la pioche

azada

la fourche

horquilla

la hache

hacha

la brouette

carretilla

la cuve

abrevadero

le pot à lait

lechera

le sac

bolsa

la clôture

reja

l'étable

establo

la serre

invernadero

le sol

suelo

les semences

semilla

l'engrais

fertilizador

la moissonneuse-batteuse

cosechadora

récolter
....
cosechar

la récolte
....
cosecha

l'igname
....
batatas

le blé
....
trigo

le soja
....
soja

la pomme de terre
....
papa

le maïs
....
maíz

le colza
....
semilla de colza

l'arbre fruitier
....
árbol frutal

le manioc
....
mandioca

les céréales
....
cereales

la cheminée
chimenea

le toit
techo

la gouttière
caño de desagüe

la fenêtre
ventana

le garage
garaje

la sonnette
timbre

la porte
puerta

la poubelle
tacho de basura

la boîte aux lettres
buzón

le jardin
jardín

le salon

living

la chambre de bain

baño

la cuisine

cocina

la chambre à coucher

dormitorio

la chambre d'enfant

cuarto de los chicos

la salle à manger

comedor

le sol

piso

le mur

pared

le plafond

cielorraso

la cave

sótano

le sauna

sauna

le balcon

balcón

la terrasse

terraza

la piscine

pileta

la tondeuse à gazon

cortadora de pasto

la fourre de duvet

sábana

la couette

acolchado

le lit

cama

le balai

escoba

le sceau

balde

l'interrupteur

interruptor

le papier peint
empapelado

l'image
imagen

la lampe
lámpara

l'étagère
estante

l'armoire
armario

la cheminée
chimenea

la télé
televisión

la fleur
flor

le coussin
almohadón

le canapé
sofá

le vase
florero

la télécommande
control remoto

le tapis
alfombra

le rideau
cortina

la table
mesa

la chaise
silla

la chaise à bascule
mecedora

le fauteuil
sillón

le livre

libro

la couverture

frazada

la décoration

decoración

le bois de chauffage

leña

le film

película

la chaîne hi-fi

equipo de música

la clé

llave

le journal

diario

la peinture

pintura

le poster

póster

la radio

radio

le bloc-notes

cuaderno

l'aspirateur

aspiradora

le cactus

cactus

la bougie

vela

le frigo
heladera

le four à micro-ondes
microondas

la balance de cuisine
balanza de cocina

le toasteur
tostadora

le détergent
detergente

le four
horno

le compartiment congélateur
freezer

la poubelle
tacho de basura

le lave-vaisselle
lavaplatos

le four

cocina

la casserole

olla

la marmite

olla de hierro fundido

le wok/kadai

wok

la poêle

sartén

la bouilloire électrique

pava

le cuiseur vapeur

vaporera

la plaque de cuisson

bandeja de horno

la vaisselle

vajilla

le gobelet

taza

le bol

bol

les baguettes

palitos

la louche

cucharón

la spatule

estpátula

le fouet

batidora

la passoire

colador

le tamis

colador

la râpe

rallador

le mortier

mortero

le barbecue

parrilla

la cheminée

fogata

la planche à découper

tabla de picar

le rouleau à pâtisserie

palo de amasar

le tire-bouchon

sacacorchos

la boîte

lata

l'ouvre-boîte

abrelatas

les maniques

manopla

le lavabo

pileta

la brosse

cepillo

l'éponge

esponja

le mixeur

batidora

le congélateur

congelador

le biberon

mamadera

le robinet

canilla

le chauffage
calefacción

la douche
ducha

la serviette
toalla

le rideau de douche
cortina de ducha

le bain moussant
baño de espuma

la baignoire
bañadera

le verre
vaso

la machine à laver
lavarropas

le robinet
canilla

le carrelage
baldosas

le pot
pelela

le lavabo
pileta

les toilettes
inodoro

la toilette à la turque
letrina

le bidet
bidé

l'urinoir
mingitorio

le papier toilette
papel higiénico

la brosse à toilette
cepillo para el inodoro

la brosse à dents

cepillo de dientes

le dentifrice

dentífrico

le fil dentaire

hilo dental

laver

lavar

la douche manuelle

ducha de mano

la douche intime

ducha higiénica

la vasque

palangana

la brosse dorsale

cepillo para espalda

le savon

jabón

le gel douche

gel de ducha

le shampooing

shampoo

le gant de toilette

toallita

l'écoulement

desagüe

la crème

crema

le déodorant

desodorante

le miroir

espejo

le miroir cosmétique

espejito

le rasoir

maquinita de afeitar

la mousse à raser

espuma de afeitar

l'après-rasage

aftershave

la peigne

peine

la brosse

cepillo

le sèche-cheveux

secador de pelo

la laque pour cheveux

spray

le fond de teint

maquillaje

le rouge à lèvres

lápiz de labios

le vernis à ongles

esmalte para uñas

l'ouate

algodón

le coupe-ongles

tijera para uñas

le parfum

perfume

la trousse de toilette

portacosméticos

le tabouret

banqueta

la balance

balanza

le peignoir

bata

les gants de nettoyage

guantes de goma

le tampon

tampón

les serviettes hygiéniques

toallita femenina

la toilette chimique

baño químico

le réveil
despertador

le doudou
peluche

la voiture jouet
coche de juguete

le hochet
sonajero

la maison de poupée
casa de muñecas

le cadeau
regalo

le ballon
globo

le lit
cama

la poussette
cochecito

le jeu de cartes
cartas

le puzzle
rompecabezas

la bande dessinée
historieta

les pièces lego

piezas de lego

les blocs de construction

ladrillos de juguete

la figurine

figura de acción

la grenouillère

enterito (de bebé)

le frisbee

frisbee

le mobile

móvil para bebés

le jeu de société

juego de mesa

le dé

dados

le train miniature

tren eléctrico

la sucette

chupete

la fête

fiesta

le livre d'images

libro de cuentos ilustrado

la balle

pelota

la poupée

muñeca

jouer

jugar

le bac à sable

arenero

la balançoire

hamaca

les jouets

juguetes

la console de jeu

consola de videojuegos

le tricycle

triciclo

l'ours en peluche

osito de peluche

l'armoire

armario

les vêtements

ropa

les chaussettes

medias

les bas

medias panty

le collant

calzas

l'écharpe
bufanda

le parapluie
paraguas

le t-shirt
remera

la ceinture
cinturón

les bottes
botas

les pantoufles
pantuflas

les baskets
zapatillas

les sandales
....
sandalias

les chaussures
....
zapatos

les bottes de caoutchouc
....
botas de goma

le linge de corps
....
ropa interior

le soutien-gorge
....
corpiño

le maillot de corps
....
chaleco

le body

body

le pantalon

pantalones

le jean

jeans

la jupe

pollera

le chemisier

blusa

la chemise

camisa

le pull

pulóver

le pull-over à capuche

buzo

la veste

blazer

la veste

campera

le manteau

tapado

l'imperméable

piloto

le costume

traje

la robe

vestido

la robe de mariée

vestido de novia

le costume

traje

la chemise de nuit

camisón

le pyjama

pijama

le sari

sari

le foulard

pañuelo para cabeza

le turban

turbante

la burqa

burka

le caftan

caftán

l'abaya

abaya

le maillot de bain

traje de baño

le costume de bain

short de baño

les cuissettes

shorts

la tenue d'entraînement

jogging

le tablier

delantal

les gants

guantes

le bouton
....
botón

les lunettes
....
anteojos

le bracelet
....
pulsera

le collier
....
collar

la bague
....
anillo

la boucle d'oreille
....
aro

le bonnet
....
gorra

le cintre
....
percha

le chapeau
....
sombrero

la cravate
....
corbata

la fermeture éclair
....
cierre

le casque
....
casco

les bretelles
....
tiradores

l'uniforme scolaire
....
uniforme escolar

l'uniforme
....
uniforme

le bavoir
babero

la sucette
chupete

la couche
pañal

le bureau
oficina

le serveur
servidor

l'armoire d'archivage
archivero

l'imprimante
impresora

l'écran
monitor

le papier
papel

la souris
mouse

le bureau
escritorio

le classeur
carpeta

le clavier
teclado

la corbeille à papier
tacho (de basura)

la chaise
silla

l'ordinateur
computadora

la tasse à café
taza de café

la calculatrice
calculadora

l'internet
internet

l'ordinateur portable
....
laptop

la lettre
....
carta

le message
....
mensaje

le portable
....
celular

le réseau
....
red

la photocopieuse
....
fotocopiadora

le logiciel
....
software

le téléphone
....
teléfono

la prise
....
tomacorriente

le fax
....
fax

le formulaire
....
formulario

le document
....
documento

acheter

comprar

payer

pagar

marchander

hacer negocios

la monnaie

dinero

le dollar

dólar

l'euro

euro

le yen

yen

le rouble

rublo

le franc suisse

franco suizo

le renminbi yuan

yuan

la roupie

rupia

le distributeur automatique

cajero automático

le bureau de change

casa de cambio

l'or

oro

l'argent

plata

le pétrole

petróleo

l'énergie

energía

le prix

precio

le contrat

contrato

la taxe

impuesto

l'action

acción

travailler

trabajar

l'employé

empleado

l'employeur

empleador

l'usine

fábrica

le magasin

negocio

l'agent de police
policía

le pompier
bombero

le cuisinier
cocinero

le médecin
médico

le pilote
piloto

le jardinier

jardinero

le menuisier

carpintero

la couturière

modista

le juge

juez

le chimiste

farmacéutico

l'acteur

actor

le conducteur de bus

colectivero

le chauffeur de taxi

taxista

le pêcheur

pescador

la femme de ménage

mucama

le couvreur

techista

le serveur

mozo

le chasseur

cazador

le peintre

pintor

le boulanger

panadero

l'électricien

electricista

l'ouvrier

albañil

l'ingénieur

ingeniero

le boucher

carnicero

le plombier

plomero

le facteur

cartero

le soldat

soldado

l'architecte

arquitecto

le caissier

cajero

le fleuriste

florista

le coiffeur

peluquero

le contrôleur

cobrador

le mécanicien

mecánico

le capitaine

capitán

le dentiste

dentista

le scientifique

científico

le rabbin

rabino

l'imam

imán

le moine

monje

le prêtre

sacerdote

le marteau
martillo

les pinces
tenaza

le tournevis
destornillador

la clé
llave

la torche
linterna

la pelleteuse

excavadora

la boîte à outils

caja de herramientas

l'échelle

escalera portátil

la scie

sierra

les clous

clavos

la perceuse

taladro

réparer

arreglar

la pelle

pala de jardín

Mince!

¡Qué bronca!

la pelle

pala de plástico

le pot de peinture

tacho de pintura

les vis

tornillos

les instruments de musique
instrumentos musicales

le haut-parleur
parlante

la batterie
batería

la guitare
guitarra

la contrebasse
contrabajo

la trompette
trompeta

le piano

piano

le violon

violín

la basse

bajo

les timbales

timbales

le tambour

tambor

le piano électrique

teclado

le saxophone

saxofón

la flûte

flauta

le microphone

micrófono

l'entrée
entrada

le tigre
tigre

la cage
jaula

le zèbre
cebra

l'alimentation animale
alimento para animales

le panda
oso panda

les animaux

animales

l'éléphant

elefante

le kangourou

canguro

le rhinocéros

rinoceronte

le gorille

gorila

l'ours

oso

le chameau

camello

l'autruche

avestruz

le lion

león

le singe

mono

le flamand rose

flamenco

le perroquet

loro

l'ours polaire

oso polar

le pingouin

pingüino

le requin

tiburón

le paon

pavo real

le serpent

serpiente

le crocodile

cocodrilo

le gardien de zoo

cuidador del zoológico

le phoque

foca

le jaguar

jaguar

le poney

poni

le léopard

leopardo

l'hippopotame

hipopótamo

la girafe

jirafa

l'aigle

águila

le sanglier

jabalí

le poisson

pescado

la tortue

tortuga

le morse

morsa

le renard

zorro

la gazelle

gacela

l'american Football
fútbol americano

le cyclisme
ciclismo

le tennis
tenis

le basket-ball
básquet

la natation
natación

la boxe
boxeo

le hockey sur glace
hockey sobre hielo

le football
fútbol

le badminton
bádminton

l'athlétisme
atletismo

le handball
handball

le ski
esquí

le polo
polo

rire
reír

sauter
saltar

embrasser
abrazar

marcher
caminar

chanter
cantar

prier
rezar

faire la bise
besar

rêver
soñar

écrire
escribir

dessiner
dibujar

montrer
mostrar

pousser
presionar

donner
dar

prendre
tomar

avoir

tener

faire

hacer

être

ser

être debout

estar parado

courir

correr

trier

tirar

jeter

tirar

tomber

caer

être couché

estar acostado

attendre

esperar

porter

llevar

être assis

estar sentado

s'habiller

vestirse

dormir

dormir

se réveiller

despertar

les activités - actividades

regarder

mirar

pleurer

llorar

caresser

acariciar

peigner

peinar

parler

hablar

comprendre

entender

demander

preguntar

écouter

escuchar

boire

beber

manger

comer

ranger

ordenar

aimer

amar

cuire

cocinar

conduire

manejar

voler

volar

faire de la voile

navegar

calculer

calcular

lire

leer

apprendre

aprender

travailler

trabajar

se marier

casarse

coudre

coser

se brosser les dents

cepillarse los dientes

tuer

matar

fumer

fumar

envoyer

enviar

grand-mère
abuela

le grand-père
abuelo

le père
padre

la mère
madre

le bébé
bebé

la fille
hija

le fils
hijo

l'hôte

invitado

la tante

tía

l'oncle

tío

le frère

hermano

la sœur

hermana

le front
frente

l'œil
ojo

l'épaule
hombro

le doigt
dedo

le visage
cara

le menton
pera

la main
mano

la poitrine
pecho

la jambe
pierna

le bras
brazo

le bébé

bebé

l'homme

hombre

la femme

mujer

la fille

nena

le garçon

nene

la tête

cabeza

le dos

espalda

le ventre

panza

le nombril

ombligo

l'orteil

dedo del pie

le talon

talón

l'os

hueso

la hanche

cadera

le genou

rodilla

le coude

codo

le nez

nariz

les fesses

cola

la peau

piel

la joue

cachete

l'oreille

oreja

la lèvre

labio

la bouche

boca

la dent

diente

la langue

lengua

le cerveau

cerebro

le cœur

corazón

le muscle

músculo

les poumons

pulmón

le foie

hígado

l'estomac

estómago

les reins

riñones

le rapport sexuel

sexo

le préservatif

preservativo

l'ovule

óvulo

le sperme

semen

la grossesse

embarazo

la menstruation

menstruación

le vagin

vagina

le pénis

pene

le sourcil

ceja

les cheveux

pelo

le cou

cuello

l'hôpital
hospital

l'ambulance
ambulancia

le fauteuil roulant
silla de ruedas

la fracture
fractura

le médecin

médico

le service des urgences

sala de guardia

l'infirmière

enfermera

l'urgence

emergencia

inconscient

inconsciente

la douleur

dolor

la blessure
lesión

l'hémorragie
hemorragia

la crise cardiaque
infarto

l'attaque cérébrale
ACV

l'allergie
alergia

la toux
tos

la fièvre
fiebre

la grippe
gripe

la diarrhée
diarrea

le mal de tête
dolor de cabeza

le cancer
cáncer

le diabète
diabetes

le chirurgien
cirujano

le scalpel
bisturí

l'opération
operación

le CT

TC

la radiographie

rayos x

l'échographie

ecografía

le masque

barbijo

la maladie

enfermedad

la salle d'attente

sala de espera

la béquille

muleta

le pansement

curita

le pansement

venda

l'injection

inyección

le stéthoscope

estetoscopio

le brancard

camilla

le thermomètre

termómetro

l'accouchement

nacimiento

le surpoids

sobrepeso

l'appareil auditif

audífono

le désinfectant

desinfectante

l'infection

infección

le virus

virus

le VIH / le sida

VIH / SIDA

le médicament

remedio

la vaccination

vacunación

les tablettes

comprimidos

la pilule

pastilla anticonceptiva

l'appel d'urgence

llamada de emergencia

le tensiomètre

tensiómetro

malade / sain

enfermo / sano

Au secours!

¡Ayuda!

l'alarme

alarma

l'agression

agresión

l'attaque

ataque

le danger

peligro

la sortie de secours

salida de emergencia

Au feu!

¡Fuego!

l'extincteur

matafuego

l'accident

accidente

la trousse de premier secours

botiquín de primeros auxilios

SOS

SOS

la police

policía

l'Europe

Europa

l'Amérique du Nord

América del Norte

l'Amérique du Sud

América del Sur

l'Afrique

África

l'Asie

Asia

l'Australie

Australia

l'Océan atlantique

Atlántico

l'Océan pacifique

Pacífico

l'Océan indien

Océano Índico

l'Océan antarctique

Océano Antártico

l'Océan arctique

Océano Ártico

le Pôle nord

polo norte

le Pôle sud

polo sur

l'Antarctique

Antártida

la terre

Tierra

le pays

tierra

la mer

mar

l'île

isla

la nation

nación

l'état

estado

le cadran

esfera

l'aiguille des heures

manecilla de las horas

l'aiguille des minutes

minutero

l'aiguille des secondes

segundero

Quelle heure est-il?

¿Qué hora es?

le jour

día

le temps

hora

maintenant

ahora

la montre digitale

reloj digital

la minute

minuto

l'heure

hora

la semaine

semana

lundi / lunes — MO
mardi / martes — TU
mercredi / miércoles — W
jeudi / jueves — TH
vendredi / viernes — FR
samedi / sábado — SA
dimanche / domingo — SO

hier
ayer

aujourd'hui
hoy

demain
mañana

le matin
mañana

le midi
mediodía

le soir
tarde

les jours ouvrables
días hábiles

le week-end
fin de semana

la pluie
lluvia

l'arc-en-ciel
arco iris

la neige
nieve

le vent
viento

le printemps
primavera

l'automne
otoño

l'été
verano

l'hiver
invierno

la météo
pronóstico meteorológico

le thermomètre
termómetro

la lumière du soleil
luz del sol

le nuage
nube

le brouillard
niebla

l'humidité
humedad

la foudre

rayo

le tonnerre

trueno

la tempête

tormenta

la grêle

granizo

la mousson

monzón

l'inondation

inundación

la glace

hielo

janvier

enero

février

febrero

mars

marzo

avril

abril

mai

mayo

juin

junio

juillet

julio

août

agosto

l'année - año

septembre

septiembre

octobre

octubre

novembre

noviembre

décembre

diciembre

les formes

formas

le cercle

círculo

le carré

cuadrado

le rectangle

rectángulo

le triangle

triángulo

la sphère

esfera

le cube

cubo

blanc

blanco

jaune

amarillo

orange

naranja

rose

rosa

rouge

rojo

violet

violeta

bleu

azul

vert

verde

marron

marrón

gris

gris

noir

negro

beaucoup / peu

mucho / poco

fâché / calme

enojado / tranquilo

joli / laid

lindo / feo

le début / la fin

principio / fin

grand / petit

grande / chico

clair / obscure

claro / oscuro

le frère / la sœur

hermano / hermana

propre / sale

limpio / sucio

complet / incomplet

completo / incompleto

le jour / la nuit

día / noche

mort / vivant

muerto / vivo

large / étroit

ancho / angosto

comestible / incomestible

comestible / no comestible

méchant / gentil

malo / amable

excité / ennuyé

entusiasmado / aburrido

gros / mince

gordo / flaco

le premier / le dernier

primero / último

l'ami / l'ennemi

amigo / enemigo

plein / vide

lleno / vacío

dur / souple

duro / blando

lourd / léger

pesado / liviano

faim / soif

hambre / sed

malade / sain

enfermo / sano

illégal / légal

ilegal / legal

intelligent / stupide

inteligente / estúpido

gauche / droite

izquierda / derecha

proche / loin

cerca / lejos

nouveau / usé

nuevo / usado

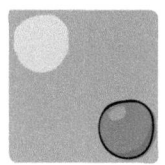

rien / quelque chose

nada / algo

vieux / jeune

viejo / joven

marche / arrêt

encendido / apagado

ouvert / fermé

abierto / cerrado

faible / fort

silencioso / ruidoso

riche / pauvre

rico / pobre

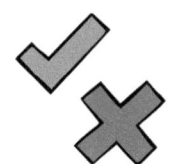

correct / incorrect

correcto / incorrecto

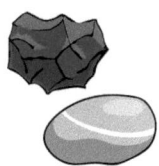

rugueux / lisse

áspero / suave

triste / heureux

triste / contento

court / long

corto / largo

lent / rapide

lento / rápido

mouillé / sec

mojado / seco

chaud / froid

caliente / frío

la guerre / la paix

guerra / paz

les oppositions - opuestos

números

0	**1**	**2**
zéro	un	deux
cero	uno	dos
3	**4**	**5**
trois	quatre	cinq
tres	cuatro	cinco
6	**7**	**8**
six	sept	huit
seis	siete	ocho
9	**10**	**11**
neuf	dix	onze
nueve	diez	once

12

douze

doce

13

treize

trece

14

quatorze

catorce

15

quinze

quince

16

seize

dieciséis

17

dix-sept

diecisiete

18

dix-huit

dieciocho

19

dix-neuf

diecinueve

20

vingt

veinte

100

cent

cien

1.000

mille

mil

1.000.000

le million

millón

les nombres - números

l'anglais

inglés

l'anglais américain

inglés americano

le chinois mandarin

chino mandarín

le hindi

hindi

l'espagnol

español

le français

francés

l'arabe

árabe

le russe

ruso

le portugais

portugués

le bengali

bengalí

l'allemand

alemán

le japonais

japonés

je

yo

tu

vos

il / elle

él / ella

nous

nosotros

vous

ustedes

ils / elles

ellos

qui?

¿quién?

quoi?

¿qué?

comment?

¿cómo?

où?

¿dónde?

quand?

¿cuándo?

le nom

nombre

derrière

detrás

dans

en

devant

adelante de

au-dessus

por encima de

sur

sobre

en-dessous

debajo de

à côté de

al lado de

entre

entre

le lieu

lugar